AF599659

Ex Patria

Este libro ha sido impreso con papel 100% reciclado.

lasturaediciones.com
info@lasturaediciones.com

Colección Alcalima, n.º 226
Dirige la colección: Isabel Miguel

Editado en Madrid, España.

Primera edición: octubre, 2023
Segunda edición: septiembre, 2025

Depósito Legal: M-29869-2023
ISBN: 979-13-990447-4-4

Impreso en Antequera, Málaga (España)

Marietta Franco Bourrellier

EX PATRIA

Segunda edición ampliada

Colección Alcalima de Poesía N.º 226

Prólogo

Laura Frost

Si algo define bien a Marietta es uno de los versos que se contienen en este poemario *«una niña con diez años en la mirada»*. Así es mi amiga, así es como yo la veo, pero la verdadera certeza está en que así es como ella se enfrenta al mundo. Escribo estas líneas mientras escucho a Patrick Watson que, como ella, llegó a mi vida cuando más le necesitaba.

No he salido en mi vida de este terruño ancestral y también siento que mi patria es casi cósmica, porque no tiene color, ni bandera, es más bien algo parecido a lo que dijo el gran Rober en aquella canción: *«Las banderas de mi casa son la ropa tendida»*. Marietta va tendiendo ropa de crianzas y de mujer arrojada por territorios que, en ocasiones, son bastante inhóspitos. Hay que ser muy valiente para criar hijos entre las sirenas que anuncian cohetes en mitad de una Yihad que nadie entiende o sobrevivir en el país que más se odia a sí mismo. Ella habla de *«coordenadas del diablo»* y una no puede evitar establecer un péndulo emocional entre el estupor y la envidia.

Alguien, en una ocasión, intentó que este poemario tuviera otro nombre, algo así tan equidistante como *Aves de paso*, o cualquier tontería de esas que no le irritara la bandera a nadie o, lo que es peor, seleccionara la comodidad como si fuera un clic en el perfil de cualquier red social y que no nos recordara, que para según qué cosas, hay mucho idiota con la piel muy fina. A Marietta no le importa eso, ella no pertenece a ningún lugar, además de que la complacencia no está entre sus misiones, y sin opción a dudas, sabe valorar la tierra en la que existe porque cree en las personas y «*en lo que de ellas nace verde*», esa es quizás su verdadera patria. *Ex Patria* no se maneja en las zonas comunes porque esas llanuras suelen ser diminutas, más incluso de lo que nos gustaría cuando se trata de aceptar el espanto civilizatorio en que hemos llegado a convertirnos.

Hay amor en estos versos, amor a un hombre valiente, amor a los hijos que la vida nos presta en esta encomienda hermosa y terrible que es la maternidad, hay olor a leche y lágrimas saladas, que son las de verdad. La patria de una habita en los rincones de los cuerpos de los seres amados, eso lo sé yo y ella lo sabe también, por eso la suya tiene coordenadas en el cielo que se trazan en las compañías de aerolíneas y en los camiones de mudanzas. Y luego está ese lugar donde, como una jaula abierta para pájaros, siempre se sabe que se puede regresar. Ese lugar puede ser la poesía, la carcajada cómplice de una amiga, una banca de arena en las playas de Huelva o los churretes de los niños y las pipas de sandía en verano.

Está la familia por bandera, la amistad que permanece y la que muta, los telares que se trazan desde un ser superior que un día nos cruzó con una aguja de muchas risas y correspondencia afectiva, o alegría genuina que explota en los encuentros, así sea en el parque de El Retiro o en cualquier otro lugar a dos planetas de distancia del sol. *Ex Patria* es tan cotidiano al mismo tiempo, que te transporta a cualquier oficina de extranjería y a ese pasmoso sentir de estar convencida de que *«habrá más gente en el mundo que quiera cortar el aire con un sable»*, por ejemplo. Pero, lo que más me gusta de este conjunto de poemas es la idea de OTREDAD. Reconocerse en el otro y también perderse en él, establecer una no conformidad cuando la injusticia se deshace de la máscara, abrazar los sabores y las tardes al sol sorteando y sobreponiéndose a la incomodidad de saber que regresar e ir son la misma cosa, que todo viaje no se sabe si es de ida o de vuelta.

Marietta es inmensa. *Ex Patria* es inmenso, y tiene tantas aristas como *«grietas donde se cuelan plumas»*. Lo he visto nacer, crecer y reposar. He vivido estos poemas desde una gestación de sacerdotisa que esperaba el momento adecuado para eclosionar y dejarnos ese regusto amargo de la verdad, por otro lado, esa cosa tan prostituida que pocas personas saben tratar con la delicadeza que se merece. Menos ella, ella sabe ser la *«mujer que canta»*, como en aquella película de Villenueve, y resistir, amar y perdonar.

Para finalizar, si no ha sido fácil empezar, mucho menos es echar el cierre, *ExPatria* es *«una masacre y una nana»*. Dejémonos mecer.

Sevilla, 2023

Nota de la autora a la segunda edición

Algunos de los poemas de *Ex Patria* están inspirados en Jerusalén, en Tel Aviv, en Gaza. También en la guerra del verano de 2014 que me tocó vivir muy de cerca. A tan solo 65 kilómetros de casa y con misiles explotando en el aire.

Viví tres años maravillosos e intensos en ese trozo de mundo sin igual. Y, como en todas las buenas parejas, lo acepté como era: para lo bueno y para lo malo.

Amo esa tierra ancestral, fértil, que está unida a mí desde el primer momento en que la pisé y supe que también era mía. Amo su cultura, su devenir, amo a su gente.

Su dolor me conmueve hasta lo más hondo.

Su dolor son demasiados dolores.

Estoril, septiembre de 2025

Where could I cry out the despair and rage I felt
for all this terrible fate we saw at such close quarters?
MADS GILBERT

O find me
I'll be in that blue
Between sky and water
Where all time is now
And we are the forever
Flowing like a river
SUSAN ABULHAWA

EN EL HAMBRE
un hueco nuevo
en el hambre un grito

una lágrima sin agua

ya solo quedan
estrellas por morder

Hay mar
no hay madre

Un abuelo canta
con los ojos extraviados

El miedo como un único camino
¿Es la pérdida ahora un poder?

Un temblor que no reconozco
lo único que bebo
sin sal

vacío

En el hambre
las palabras duelen al decirse
el aliento es un puñado de polvo
las rodillas no oran
se arrastran

El cuchillo solo corta el tiempo
y el tiempo
corta el pecho

a jirones

se inventan dioses
en los techos agrietados

en los no techos
pero nadie responde
al rezo de un estómago

Hay un canto

un murmullo de insectos

Hay ceniza
en las rendijas una hebra de sol
que se cuela

al sol le gusta brotar

incluso en el hambre

esa voz
que no se rinde del todo

Un cuerpo
que tiembla
no cae.

¿Es la pérdida ahora mi único poder?

Ex Patria

A mi padre, que desde un punto fijo del mapa
me mostró los picos del mundo
y aprendí a soñar con vivir lejos
como un ave migratoria.

Entre mi dedo índice y pulgar
llevo la pluma
voy a cavar con ella

SEAMUS HEANEY

LIBRO I

EL NORTE DEL NORTE

Quiero volver a tierras niñas;
llévenme a un blando país de aguas.
En grandes pastos envejezca
y haga al río fábula y fábula.
Tenga una fuente por mi madre
y en la siesta salga a buscarla,
y en jarras baje de una peña
un agua dulce, aguda y áspera.
Me venza y pare los alientos
el agua acérrima y helada.
¡Rompa mi vaso y al beberla
me vuelva niñas las entrañas!

GABRIELA MISTRAL

NO SÉ CÓMO LLAMAR A ESTA TIERRA
que decide por mí
me calla con embustes
y canta las torturas de los que viven lejos
son afónicos y de arena los ruidos que ahora salen de mi
[boca
decires que no dicen nada

hola
vacío
adiós

No sé cómo llamar a esta tierra
que invita cuervos a los aquelarres
personajes sin alas y trajes con remiendos
sus escobas no tienen motor
y las ideas no vuelan
nadan sueltas en la fuente
brozan en los restos y desganas
los pájaros no las quieren en sus aires

caramelos de ceniza

Ahora me han salido hélices que aletean en hilera
los sueños de otra época
presiento los brotes del desierto
que llegan en bandada

los cuervos vegetan en sus tumbas

y si me afano
les gano en las noches
derritiendo sus ruidos con nieve
tapándoles las siestas con palabras

Anuncio

La niña me mira sin verme
sus ojos son montañas negras de otra parte
la cara no es suya
a ella no le pertenece su niñez

la niña de ojos grandes
parece una anciana de otro tiempo
se pega a las hebras de mi falda
y llora
y grita
la niña
que habla con uñas sin voz

y dice con jotas aspiradas
que le han reventado los oídos
que las casas vuelan en su cabeza
que la leche se fundió

se me queda cosida su jerga
en el centro de la boca
y ahí
me nacen puñales
que no sirven para hacer muñones
pero sí cortan
arrancan las mentiras del que se llena

Y aún conmocionada me pregunto:
¿qué hago yo ahora

con tantos filos y tanta rabia?
¿qué hacemos
con una niña
que solo tiene diez años en la mirada?

To belong to

Cuando no podía entender las palabras a mi alrededor
decidí hablar con los pájaros
ellos usan tonos que yo comprendo
sonidos que me son cercanos
como de andar por casa
pertenecen al pan tostado de la mañana
a la sábana con olor a suavizante
al mando de la tele sin pilas

He aquí que yacen nuestros cuerpos en una larga fila,
y no respiramos.
Pero el viento es fuerte en las montañas…
y respira.
YEHUDA AMIJAI

EN LOS ALTOS DEL GOLÁN
hay un campo de amapolas
de minas y acero
y en ellas se esconde temblando
una fábula enterrada en agua

En los Altos del Golán
no resuenan las palabras rotas
desde que tu amigo cerró los ojos
y su silencio provocó otra guerra
y una masacre
y una nana

ya no importan las lenguas y lo que cuentan
porque
en los Altos del Golán
somos el caldo que se bebe sin hambre
despacio
un velo mojado en viento
una rama sin árbol

el camino sin sombra
hacia los Altos del Golán
son manos que crujen en los dedos

amapolas brillantes que no se ven
y adornan a sus muertos
de camino hacia las montañas

A mi querida amiga Yasemin

ella es la que quiso ser
el primer tranvía que salió sin ruedas
solo con cabeza y con dientes
sin boca
con los ojos bien abiertos
mar adentro y colina arriba
sin bandera
ella es la torre de Gálata en Estambul
ella es el faro de su Turquía

Palabras de Gêce

¿De dónde eres Gêce?
mi madre dice
que uno es del sitio donde sueña
y también del sitio donde duerme y come
y del sitio donde durmieron sus madres
y comieron sus abuelas
que uno es del sitio donde te entienden
te hablan
y la gente sonríe cuando llegas

Tu madre es una gran madre Gêce
¿puedes preguntarle si quiere ser mi amiga?

definición de Gêce en el diccionario turco:
Noche
El sol sale día tras día
Tundra
Noche por la noche

Esta ciudad es
un sonajero de trenes y grajos
una amalgama de ladrillos amasados
con salchichas de cemento y pan

tiene una banda sonora como de claxon
de hojalata pulida y piedra vieja
la recorren
ríos de ambulancias
y mares de lujo roto

no se ve lo que queda allá enfrente
al otro lado
fuera del muro de carne de esta ciudad

Los besos y las bocas andan sueltos

Perros con colmillos blandos
escogen un cuerpo
y lo dejan reposar
como a una masa

los sexos como locos revolotean
en todas las azoteas
hocicos mojados que husmean antros húmedos
húmedas gargantas
húmedos labios

Yo me planto delante de ti con los pechos volando
la respiración llena de árboles recién plantados
sabiendo todas las cosas que tú eres
cuando estás conmigo
y yo soy yo
la que siento
sin enredo
sin laberinto ni maniobras
sin palabras que añadan
a lo que ya somos

Vivir es otra cosa

atravieso el aire con miedo
despacio
como apartando pelusas de una pestaña
como imaginando una puerta que chirría
como esperando encontrarme un muerto

tendría que forzar los músculos
a precipitarse en el salto al vacío
respirar
cascadas de aire líquido
o quizás sentir
como una adolescente hambrienta

el barro húmedo de mi duda añade ira
a mi propia ventisca interior

¿habrá más gente en el mundo
que quiera cortar el aire con un sable?

Soy el poeta del cuerpo
y el poeta del alma,
los goces del cielo están en mí
y los tormentos del infierno están en mí.
Los primero los injerto y los multiplico en mi ser,
los últimos los traduzco a un idioma nuevo.
WALT WHITMAN

El terremoto que se llevó a las niñas

no se las tragó la tierra
la tierra pare
la tierra nutre
la tierra quema rastrojos
paja
sobras
insectos
la tierra no roba cenicientas

la crueldad las convirtió en fantasmas
en polvo y humo
en olvido

solo tienes que encadenar monosílabos sibilantes
babear palabras que se escriben con «s» de serpiente
sí
suya
así
siga
¿entiendes que esa sonrisa ya no vale nada?

solo se salvan de su destino decapitado
las niñas fantasmas del pueblo
las otras
¿las otras?
a esas dicen que se las llevó la tierra

LIBRO II

EL SUR AXIAL

El exilio como identidad. La extranjería como patria.
Sin sujetarme a la tierra, como el clavel en el aire, enraizar.

CLARA OBLIGADO

Atravesar una frontera es cambiar para siempre
CLARA OBLIGADO

VIEJO MUNDO

Tierra migrada
tierra que recibe y rechaza
tierra de reyes sin corona
de sellos
de nieves que no existen
esa es
la tierra que te calla

Olía a nada y a papel de calco
olía a rancio y a viejo roto
olía a madera y a miedo
sobre todo
a miedo olía

miedo denso
y de ladrillo
llenaba las narices picudas y las chatas
las ávidas
y las que lloran solo vacío

y olía también
porque cuando existes todo tiene olor
a ideas en otras lenguas
a corcho sin botella
a pluma sin un cuerpo

a ensalada de ropa sucia y pelo
el hedor era una calavera de barco
entre las paredes ocres y la impresora
de la oficina de extranjería

Latitud: 52° N
Longitud: 13°r E
Altitud sobre el nivel del mar: 43 m

COORDENADAS

Carcajadas de bruja lleva el río
me guiña un ojo cuando pongo un pie
y el otro
con paso de soldado en las horas
que desiertas se consumen lisas
en su monotonía de arena

cutrerío gris
pompas de vino barato
piedras que cayeron rotas desde
unas montañas que nunca existieron

Egipto llora
Babel también
entre templos griegos pintados con balas

aquí
donde vives
cuanto más hagas
más eres
con rótulos y luces de neón

cuantos más dientes de hierro poseas
más bajarán sus barbas

y la tuya es rala
como la copa de los árboles
que queman los inviernos
          de aquí
en estas coordenadas del diablo

Hablo como en mí se habla. No mi voz obstinada en parecer una voz humana sino la otra que atestigua que no he cesado de morar en el bosque.

ALEJANDRA PIZARNIK

HABLO COMO EN MÍ SE HABLA

Cómo quieres que te cuente
cómo se vive del otro lado
que no me interesa
la acidez de la paloma
en el balcón donde anida la nieve
que los zoos no tienen nunca
ningún reclamo para mí

cómo quieres que te diga
si no tengo las palabras
que las heridas se curan al aire
solo con agua de mar

¿dónde está la mar con sus peces?

¿cómo se dice mar?

¿no te atraen las palabras que llevan agua?

las ballenas son animales gigantes
y mágicos
ellas hablan todas las lenguas

y cómo hacerte señales de humo
dime
desde este bosque que es mi patria

La violencia
es robarle
la risa a un niño
que aún no sabe callar por miedo

como los perros
como los viejos abandonados
como las putas

Los 70 nombres de Yerushalayim-Al-Quds

Llegando a Jerusalén
los fantasmas me hablan desde sus rincones
me gritan en susurros que saben a vino
y cuentan
que solo pelean los que no son fantasmas.

Llegando a Jerusalén
la tierra se empina con piedras de olivos
y los fantasmas cantan con tanques de lágrimas
cargados de sed que cuelga
y aceite vertido en la tierra.

Llegando a Jerusalén
me acuerdo de todos los recuerdos futuros
uno debajo de cada montaña
ellas también hablan despacio
con ganas de fiesta y memorias
juntando palabras que suenan a savia

La guerra se escucha
en el grito
que cruje y raja el cielo
el grito
que cruza los gases
se cuela en la metralla gris
caliente
de odio y promesas

La guerra se escucha
en la queja de una madre
en el silencio de un niño
callado con anestesia
en el ruido del dinero
la bolsa
los hombres gordos

se siente
en unas manos que lamentan
no volverse a tocar
en unos papeles que ya no sirven
en un tren que se marcha lleno
        de músculos fuertes
        de órganos sanos
        de zapatos limpios
        de miedo

y vacío
        de todo lo demás

A veces la infancia es más larga que la vida.
ANA MARÍA MATUTE

UNA NIÑA QUE SE SIENTE SOLA
es una nube de reproches que se columpian
un banco de arena contada
una
y
otra
vez
un mar lleno de aguavivas y algas
arremolinándose en tropel

una niña que se siente sola
es una miríada de cajitas chinas
rebosantes de secretos
de imágenes
susurros
que no entiende

es también una bola del mundo sin países
un mantel que sirve comida vieja
reventada de moho
    y una cama fría ennegrecida
    sin mantas

una niña que se siente sola
solo quiere ser mujer
para no tener que sentir miedo

de las horas que pasa en vela
y a oscuras
          en el desierto poblado de su cabeza

Permiso

No quiero escribir un poema de ciencia ficción
ni idear mundos nuevos
proyectados como tubos de escape

Contemplo
me infiltro
respeto
el lugar que ocupo
el espacio que me mantiene alerta

Fronteras

¿Es de verdad la especie humana
una raza tribal?
Ser luces en el mapa
islas conectadas por puentes

¿O somos un conjunto vacío
definido por sus límites?
Ser manada y no pensar
seguir hacia delante
la cabeza gacha
no pensar

¿Dónde se desdibujan las líneas del conjunto?
Sus lindes

CÓDIGO PENAL

Lo privaron del verano eterno
el templo de la infancia
el calor
la magia
y lo trajeron con una venda en los ojos
a esta noche
la noche que contiene todas las noches
el invierno polar
tener que ser quien no eres
el dolor (evitable) de tener que ser otro

'El problema con los hombres de nieve',
dijo mi padre hace años,
'apenas están terminados,
ya desaparecen'.
ROGER McGOUGH

CUENTO DE BUENAS NOCHES

viven misiles como pompas de jabón
en los ojos donde explotan
y la pólvora y los insultos rebosan
palabras de amor
de odio
de dioses

qué descaro
qué vergüenza
qué maldad
es el amor al otro

Vienen tiempos gaseoso
burbujas en un anuncio
vienen tiempos de paredes negras
vienen tiempos que lloran zapatillas
en las estrellas
de los que no tienen galaxias

ahora los cuerpos se hunden en las yemas
y desaparecen

la guerra es mágica y salada
como los cuentos de buenas noches

DURANTE UN TIEMPO
no fui consciente de la libertad
la osadía
la soltura

no pertenecer a ningún lugar
no ser un nombre
no precisar objetos
tan solo la luz exacta
un momento de electricidad relativa
ser una refracción
el espejismo total

sin horarios ordenados por otros

ser un molusco
un hongo
el liquen del árbol viejo
una lagartija en la nieve
                    la salamanquesa es blanca
un apéndice prescindible
un estigma fuera de la flor
un corazón con alma
un fondo de paisaje
el tuétano de la ignorancia
una casualidad

Todo el mundo sabe que su madre es mortal,
pero nadie sabe que su casa es mortal.
HANNAH ARENDT

Ex Patria

El destierro es la alquimia
de convertir lo conocido
en una nueva versión de ti
deshacerse en un único viaje
de la saga
del yugo
de la herencia

y nacer
como un funambulista
en el vértigo de la altura

Destierro
alejarse
Destierro
quemar lo acumulado
Destierro
esa posibilidad

abandonar las calles que nos criaron
calles que intuían
aquellos otros nombres
cuando aún no sabíamos quiénes éramos

en el destierro

los nuevos nombres se escuchan sin eco
sin acentos
no hay espejos
no hay moldes
invento una voz
dibujo las líneas del nuevo lienzo

solo quien no tiene nada
ni conoce el suelo que pisa
puede fundar su propio reino

El exilio es otra historia
es ser agua sucia
que mira cómo corre la que baja del monte
transparente
aguda nieve

en el exilio
las palabras que salen de tus labios son viscosas
se estancan antes de oírse

Miras atrás
y ves que la vida sigue
en aquel apartado lugar
sin ti

LIBRO III

EL LINAJE DEL ESTE

Decir no
decir no
atarme al mástil
pero
deseando que el viento lo voltee
IDEA VILARIÑO

Brillo

Nacemos escupidas
piedras blandas de diamantes
afroditas de nieve
imperfectas
esperando las manos que moldeen
las diosas que ya somos

con el ronroneo de los días
y el aliento de Kronos
vamos tomando formas
que niegan la oscuridad

extrañas energías
se nos cuelan por las grietas
y bebemos esa geografía verde
de los bosques
de las junglas
que nos pertenecen desde siempre

somos gargantas de soles

mañana
nos rellenarán de compuestos químicos
y de ambiciones azules
moradas
amarillas
pero no estamos a la venta
ni nacimos escupidas para brillar

debajo
encajadas
como un diamante
en cuerpo ajeno

Sirenas en una gasolinera

No es el título de una canción de borrachos
fue el último regalo que oí
cuando tenía oído
y orejas
y bocas
y un nombre de pila que no fuera la muerta

El invierno es regresar al pasado,
al crujido de la nieve recién cuajada.
El invierno viene siempre con su álbum de la infancia,
con su melancolía musical.
CELIA CORRAL CAÑAS

EN EL SILENCIO BROTAN LAS HISTORIAS
como burbujas en un cazo
es en la leche
donde aprendemos a narrar
en el mar
los nudos
en la nieve a callarnos
a callarnos aprendemos

ahí oímos los ruidos sordos
de tantos pasos apresurados
eco como acero sobre algodón
en el silencio blanco de lo vacío
lo helado

es en el invierno donde
se urden todos los cuentos
las historias de mujeres
que a veces explotan como violines
reivindicando su lugar en el mundo

ahora volvemos a la leche
empezando la historia desde el final
donde está escondido el peor miedo de todos
el miedo a ser una misma

Es una chica con botas verdes
una chica de calle
de asfalto
de cine
lleva en el vestido el aire de la gente
y en las botas el habla del mundo

una chica de ciudad
dicen ellos
una chica que expresa su jerga
con las manos
las sorpresas
las pestañas
ella le habla a la lluvia sin paraguas
y se pone las botas en el campo
porque sin sus botas
ella dice que no habla

Pero hace tanta soledad que las palabras se suicidan.
ALEJANDRA PIZARNIK

HACE TANTA SOLEDAD

las manos
y sus miles de huellas dactilares
son las que nos hacen únicos

el resto es historia que se repite
un infinito de cotidianidades

Hoy empiezo el día de ayer
y termino el de mañana
mientras
abrocho cordones
doy vuelta a las sábanas
caliento la ropa
guisos y regañinas

los quehaceres de los pájaros
que siempre dibujan el mismo vuelo
en lo cotidiano
en el infinito
el círculo
una ilusión

el resto es historia que se repite
un infinito de cotidianidades

Fui obligada a marchar atrás.
Fui obligada a seguir adelante.
Me pasaron de mano en mano
como un plato de fruta.
Cada noche me clavan en el sitio
y me olvido de lo que soy.

ANNE SEXTON

NIGHTMARE*

La cueva podrida de los leones
está llena de ideas colgantes
como metales
como cuchillos
como trozos de carne en descomposición

tan suave es la cueva de los leones
como una morada de piel de cordero
espolvoreada con gusanos dóciles

pura suerte y destino
un libre pasaje abierto a beber
a rellenar las botellas de vino y las jarras
de relinche de caballos

Ahora el tiempo ha llegado
el tiempo maduro de la nieve
el tiempo de tirar perros por los balcones

el tiempo del dolor que ahoga
a todas las yeguas nocturnas dislocadas

luchando por salir con ojos
con crines
de la cueva de los leones

*mare en el diccionario inglés: yegua, hierba carnicera, yeguada.

El Álabe

Una rama sabe nutrir su fruto
un fruto se chupa la savia
la savia recorre a los dos que es un uno
y el uno se vuelve a dividir en dos

El fruto cae en su momento
cuando el sol agrieta las ramas
las amarillea a golpe de rayos
sin llegar al quiebre

y antes del fin llega el dolor
la despedida de lo que un día fue

ahora tu paso se abre en silencio
en un rincón verde solo para ti

Un poema
como una gran batalla
me arroja en esta arena
sin más enemigo que yo

yo
y el gran aire de las palabras
BLANCA VARELA

QUIERO SABER EL NOMBRE DE ESE PERRO
y no soltar tan solo
Hola perro cómo estás

saber su nombre me engancha
a su forma
a su olor
su sonido

Son los seres y las palabras
las que nos cobijan
nos hacen pertenecer
y los sentimientos que nos causan
un regalo de permanencia

I am trying to find myself.
Sometimes that's not easy.
MARILYN MONROE

Raíles

Es un ruido de tren que no cesa
y se queda pegado
en la laringe
en la tráquea
en la úvula

me saca toda la tristeza del pulmón

no me había dado cuenta
¿de qué?
¿del ruido?
¿o de la tristeza?

LIBRO IV

EN EL OESTE HAY UNA GRIETA POR DONDE SE CUELAN PLUMAS

Hope is the thing with feathers
that perches in the soul,
and sings the tune without the words,
and never stops at all.
EMILY DICKINSON

Emily
What would you do if you knew
that even during wartime
scholars in Baghdad
were translating your poems
into Arabic
still believing
in the thing with feathers?
NAOMI SHIHAB NYE

Siempre se dice que hay que tener raíces en algún sitio.
Estoy convencido de que los únicos seres que tienen raíces,
los árboles,
preferirían no tenerlas.
BERTOLD BRECHT

CEGUERA

La raíz roe su costra
se enquista
en las membranas libres de tus sueños
despiertas en sudor
y encuentras
un tronco descorchado

que se tuerce por su esqueleto
se enralece

llora piedras
carroña
y sed

antes de que lleguen las espigas
cargadas de soles como cumbres
a tu tronco le salen tallos

verdores tempranos en dedos

y miras atrás
te acuerdas
de aquel sueño dentro de tu sueño

Una madre

Puedes describirla en positivo
o al contrario
así:
no es rechoncha
no es remilgada como pavo real
no es ostentosa como aquellas otras
que viven en casas de mármol

Ella es
unas manos que han visto lo invisible
unos ojos que comieron agua
un cuerpo sano y enfermo a la vez
un amor que no pasa

eso es ella
un amor que no pasa

Y EN LA CRISIS

llama a la abuela
no vaya a ser que se cuelgue
son redondos los soles que nos separan
regálale risas titilantes y peleas de gallos
¿quieres verlas?

saca el monopoli y masajea los dineros de mentira
¿no ves que son de juguete las noches que me prestas
cuando duermen los que no callan?

tacha palabras de listas interminables
y sigue
tachando
sin relojes que te guíen la mirada

¿no te quedan los cueros?
los dedos crecen
dicen a gritos los que roban minutos
¿cómo se dice sandalia?

compra regalos que no tienen caras
y corta los pelos del coro perruno
es intolerancia al gluten
no alergia
¿lees las etiquetas de las cosas con olor?

mundo del fin del mundo es la colada
ni se abre ni se cierra
solo da vueltas y más vueltas

la historia interminable era mi cuento preferido
¿y el tuyo?
te lo leo

y la lista sigue
¿quieres que siga?

Geburtstagsfeier organisieren
gesund kochen
billig einkaufen
Abend zu zweit einplanen
Hausaufgabenkontrolle
Arzt spielen
Baldrian Tropfen kaufen
dringend Emails beantworten (in anderen Sprachen)

Que Neruda me perdone,
pero a veces sucede que me canso de ser mujer
MARCELA SERRANO

El bosque de mi infancia

mi madre podaba un bosque incipiente

la curandera no te poseerá nunca
con sus alas cargadas de demonios
de historias con sangre y hogueras
de profecías que se cumplen
incluso en silencio

promete mi madre

mientras remienda mi falda
mientras poda mis bosques
mientras se adueña de todas mis fuentes
temores

y yo sé
con la certeza del que no sabe
sé
que me esperan delirios de presa fácil
desgarros de loba ahumada
pájaro sin hado
en las cenizas de mi infancia

No valoro el impuesto sobre el valor añadido

No valoro nunca
el valor de las cosas que se compran
ni de los jarrones
ni de los techos
ni de los muebles de la casa

valoro las flores en ese jarrón que no valoro
los libros arrumados con esmero
en la repisa sin valor de esta sala

valoro las fotos que con mimo cuelgo
en las paredes que menosprecio
valoro las aves moradoras de mi suelo
y los peces que cuelgan de las lámparas
de los tejados
de las azoteas
de los balcones con dineros

y mientras orillo todos estos objetos
aprendo a valorar esta tierra en la que existo

EL AMOR ES GRATIS
como las manos maternas
como el agua del río
la espuma del mar
como la leche avainillada de una teta
los dones que te dieron al nacer

El agua ha sido cortada del río de este mundo
YALAL AD-DIN-RUMÍ

PALABRA DE EXTRANJERA

No eran pájaros sino aviones
los que me trajeron a esta tierra
donde el bosque es un desierto
y la estepa se torna en hielo

aquí se talan las palmeras con lluvia
unas gotas que
que borran las leyes sagradas

el hielo que con fuerza crece
no refleja el miedo
el miedo que roe la nieve
y la entierra en el fondo del mar

los montes extranjeros son planos
las mariposas azules
sin alas
y los besos vienen doblados
con pliegues

las carreteras son cristales rotos
y el río
este río bíblico
no desemboca en el mar

la mar
otra vez el mar

ese mar tuyo
ese mar nuestro

me preguntas algo que no entiendo
y te contesto con las manos
porque tú me acoges
yo hablaré tu lengua

Se ha puesto la luna y las pléyades,
es medianoche, se hace tarde
y yo duermo sola
SAFO

En la isla donde las lunas son más grandes
los soles arden sin quemar
y las aguas son calientes en invierno
respiro alas de sirena y bocas de pez

allí
nadie me busca
ni me nombra

me escondo de los hombres moldeados con ira
con rabia
y con odio de cinturones rotos

son los seres muertos los que ululan
y gimen detrás de las piedras
con su eco
su orgullo musical

y les gritan su fuerza de río
a los que aún viven

A ratos me escondo en este trozo de mundo
quieto
entre las nieves cálidas del monte Cilene
donde soy nada
y soy agua tierra aire fuego
ayer mañana
hoy

Las mariposas tienen una gracia encantadora,
pero también son las criaturas más efímeras que existan.
Nacidas quién sabe dónde,
buscan dulcemente solo pocas cosas limitadas,
y luego desaparecen silenciosamente en alguna parte.
HARUKI MURAKAMI

MARIPOSAS EXTRAVIADAS

Entre los cables de electricidad
y los muros en derrumbe
se cuelan mariposas brillantes con alas transparentes
que confunden las aceras
los semáforos de colores
y los raíles del tranvía de esta urbe
con una tierra fértil
cubierta con un manto de flores y frutos

y yo me pregunto con fascinación
con asombro
con pena
cómo han llegado a este lugar tan lejano
estos seres alados y pequeños

bucearon los abismos
de kilómetros y kilómetros
de cemento gris podrido
que en nada se parece a una campiña o bosque

¡huid!

¡huid!
seguid el río
vosotras que podéis seguid el río
yo os guío con los ojos
con el corazón
con la mente
con las ganas
sobre todo

con las ganas

Patria es el lugar en que vivimos
al que tememos, que nos fascina.
Patria,
esta promesa que no acaba de cumplirse.
ÁNGELES MASTRETTA

Mi patria es un dolor de muelas,
Un ansia que no se sacia,
Un horizonte al que voy siempre
Y que siempre se me escapa
ALFONSINA STORNI

NO CREO EN PATRIAS
ni naciones
que son como pantanos
como lava
arrasan con todo lo que no lleve su nombre
escrito en la frente
en las puertas
en el color de las banderas

No creo en patrias
ni naciones
que arrancan la piel

y sus muros
sus leyes
semáforos que impiden circular en el aire

Creo en las personas
y en lo que de ellas nace verde

sin pliegues
y esa
solo esa
es mi verdadera patria

El tiempo cuando cesa

El tiempo
una lluvia inglesa en la cara
agua diminuta que llueve hormigas
y te sacude las células del cuerpo

Esta lluvia del norte me inunda
y la acepto
serena
antes de que la vida
tozuda como un hacha
me deje sin palabras
y un silencio con plumas
se apodere de mi boca
y no pueda decirte lo que ya sientes

LLEGA EL INVIERNO
y las abejas se esconden
los insectos se afanan
en una huida
sin ánimo de procrear

ese jardín aún orondo
se desembaraza de sus hijas verdes
se repliega en sí mismo
y una sombra oblonga
dilatada
amenaza lo que crece

colores miel se entreveran
como una tela de araña entre las ramas
saben que llega la agonía fluorescente
de la aurora boreal

flores
pájaros
y niños
son testigos asombrados
de los ciclos de la tierra

AGRADECIMIENTOS

A los que son mi verdadera patria: mi familia y amigos. Sin ellos no existen las palabras. En especial a mi madre, siempre tan lejos y tan dentro.

Gracias a toda mi tribu de hermosas mujeres. Gracias por inspirarme y ser. Vuestras historias laten en algunos de estos versos.

A mis compañeros y amigos de andanzas literarias en especial a Susana Collado, Elena Collada, Sofía Blanco, Teresa Rodríguez, Cristina Solana, Romina Tumini, Feli Blasco, Ana Navarro, Norah García y Antonio Jaén. Sois aliento, diversión y ayuda. Gracias porque vuestro ánimo es un ancla.

A mis niños por su paciencia infinita con esta madre del sur.

A mi hijo, que me prestó su escritorio durante dos años cuando yo no tenía *habitación propia*, y donde se escribieron buena parte de estos poemas.

Gracias a Laura Frost por ser mi amiga, mentora y demostrar que sí se puede ser animal de lucha, político y, a la vez, vivir entre sueños e historias de ficción. Gracias infinitas a tus libros y a tu apoyo.

A Lidia López Miguel, por confiar en mi poemario e incluirlo en el catálogo de Lastura. Apareciste en el momento justo, clara y respetuosa, como si fueras magia.

Gracias a la nieve y a la oscuridad porque me hicieron ver aquello a lo que no podía, ni quería renunciar, y gracias a la tiranía del frío del norte del norte porque fue el germen de este poemario.

Y, por último, gracias a Lu, mi compañero de viaje y de vida, por ser el mejor lector del mundo, el único que puede corregir estos poemas con el corazón.

ÍNDICE

Esta segunda edición de *Ex Patria* de Marietta Franco Bourrellier
terminó de imprimirse en Antequera, Málaga, el 16
de septiembre de 2025, año en el que
celebramos el centenario del
nacimiento de María
Beneyto.

PUBLISHERSFORPALESTINE.ORG